Blühende TOSKANA

Blühende Toskana

Photographie Harald Mante

Bucher

Konzeption: Axel Schenck
Anthologie: Heribert Däschlein
Graphische Gestaltung: Dieter Löbbert, Bertram Schmidt
Schutzumschlag: Bertram Schmidt
Herstellung: Angelika Kerscher

Printed in Germany
ISBN 3 7658 0441 X

Reich ist an Blumen die Flur; doch einige
sind nur dem Auge,
Andre dem Herzen nur schön: wähle dir,
Leser, nun selbst!

Johann Wolfgang von Goethe

Kennt ihr den Frühling von Florenz?
Wenn am Viale die Rosen zu knospen beginnen?
Wenn die weichen Hügel hinan
die zärtliche lichte Röte der Obstblüte fließt?
Wenn Schlüsselblumen und gelbe Narzissen
die fröhlichen Wiesen ganz mit Gold überdecken?
Oh, das ist schön!
Diese Tage, da die schwarzen Zypressen sich
in den ersten warmen Lüften wiegen!
Diese heißen Mittagsstunden im April, wenn die Mauern
der Hügelpfade leis zu glühen beginnen
und die erste warme Rast auf durchsonnten Zinnen winkt!
Wie dann die Erde sich reckt und glänzt;
wie da die fernen Berge immer blauer und sehnlicher
herüberstreben, bis euer Herz
voll treibend-süßen Wanderfiebers wird!

Hermann Hesse

Frühling ist wiedergekommen. Die Erde
ist wie ein Kind, das Gedichte weiß;
viele, o viele .... Für die Beschwerde
langen Lernens bekommt sie den Preis.

Streng war ihr Lehrer. Wir mochten das Weiße
an dem Barte des alten Manns.
Nun, wie das Grüne, das Blaue heiße,
dürfen wir fragen: sie kanns, sie kanns!

Erde, die frei hat, du glückliche, spiele
nun mit den Kindern. Wir wollen dich fangen,
fröhliche Erde. Dem Frohsten gelingts.

O, was der Lehrer sie lehrte, das Viele,
und was gedruckt steht in Wurzeln und langen
schwierigen Stämmen: sie singts, sie singts!

Rainer Maria Rilke

Wer möchte nicht,
daß es harmlos zugeht?
Einträchtig wie in den Bäumen,
an die man fröhlich
die Leitern gelegt?
Also komme ich gern.
Für einen Nachmittag will ich glauben,
daß das Schöne
ein Spaß ist –
und überhaupt alles so leicht
wie man Kirschen pflückt.

Rainer Malkowski

Aus schönen Zweigen sank –
Voll Wonne denk' ich's immer –
Auf ihren Schoß ein voller Blütenregen,
Sie saß in stillem Dank
In all dem Glorienschimmer,
Ganz überdeckt vom liebreichen Segen.
Ein Blütchen will sich legen
Auf ihren Saum, die andern
Aufs Haargeflecht, das hold
Wie Perlen schien und Gold;
Eins ruht, auf Wellen wandern
Will dies, im wirren Kreise
Sagt jenes schwebend: – Das ist Amors Weise. –

PETRARCA

Schau, wie die Zypressen schwärzer werden
in den Wiesengründen, und auf wen
in den unbetretbaren Alleen
die Gestalten mit den Steingebärden
weiterwarten, die uns übersehn.

Solchen stillen Bildern will ich gleichen
und gelassen aus den Rosen reichen,
welche wiederkommen und vergehn;
immerzu wie einer von den Teichen
dunkle Spiegel immergrüner Eichen
in mir halten, und die großen Zeichen
ungezählter Nächte näher sehn.

Rainer Maria Rilke

Ich bin durch einen schönen Wald gekommen,
Wo grüner Lorbeer und Wacholder stand;
Drin hab' ich einen Jüngling wahrgenommen,
Der war mit Namen Herzensdieb genannt.
Daß Ihr derselbe seid, hab' ich vernommen,
An Euren Farben hab' ich Euch erkannt;
An Eurer Schönheit kannt' ich Euch im Nu –
Man warnt vor Euch: ich lache nur dazu.

Toskanisches Rispetto

Such, wer da will, den Prunk und hohe Ehren,
Festliche Plätze, Tempel und Paläste,
Genüsse und der gold'nen Schätze beste,
Die Sorg' und Leid nur tausendfach vermehren.

Ein grüner Wiesenfleck in Blütenmeeren,
Ein Bächlein, das der Pflanzen Wurzeln netzte,
Ein Vöglein, das nach Amor seufzt im Neste, –
Sie stillen besser unser heiß' Begehren.

Die schatt'gen Wälder, Felsen, Bergeshöhen,
Die dunklen Höhlen und der Tiere Leben,
Die scheue Nymphe in anmut'ger Schöne:

Dort ist es lieb und leicht, im Geist zu sehen
Die schönen Augen, die dann vor mir schweben. –
Hier raubt mir sie bald diese Sorg', bald jene.

Lorenzo de' Medici

Die Luft ein Archipel
von Duftinseln.
Schwaden von Lindenblüten
und sonnigem Heu,
süß vertraut,
stehen und warten auf mich
als umhüllten mich Tücher,
von lange her
aus sanftem Zuhaus
von der Mutter gewoben.

Hilde Domin

Weiß

Ich singe besonders
im lichten
Anfangsgrün des Frühlings

Rafael Alberti

Weiß

Morgengebet:
Verleih mir die Gnade,
Fra Angelicos Blau himmlischer noch zu machen
und in noch zarterer Blässe sein Rosa

Rafael Alberti

Bäume sind für mich immer
die eindringlichsten Prediger gewesen.
Ich verehre sie, wenn sie
in Völkern und Familien leben,
in Wäldern und Hainen.
Und noch mehr verehre ich sie,
wenn sie einzeln stehen.
Sie sind wie Einsame.
Nicht wie Einsiedler, welche aus
irgendeiner Schwäche sich
davongestohlen haben, sondern wie
große, vereinsamte Menschen ...

Hermann Hesse

Gelobet seist Du, Herre mein
durch den Bruder, den Wind und durch die Luft
durch Gewölk und Klarheit und alles Wetter
durch welche Du Deinen Geschöpfen
gibst die Erhaltung.

Francesco d'Assisi

Gelobet seist Du, Herre mein
durch unsere Schwester, die Mutter Erde
als welche uns erhält und versorget
und hervorbringt Früchte
und vielfarbene Blumen und Kraut.

Francesco d'Assisi

Marguerite, Marguerite,
Weiße Frau in goldner Haube –
Erstes Heu wölbt sich zum Schaube.
Kuckuck reist, als er es sieht.

Pappel braust wie ein Prophet.
Aus dem vielgezüngten Munde
Stößt sie orgelnd ihre Kunde.
Elster hüpft, die sie versteht.

Pappel, du, in Weisheit grau,
Diene ich dir erst zur Speise,
Fall ich ein in eure Weise,
Kuckuck, Elster, weiße Frau.

WILHELM LEHMANN

Man kann sich kein schöneres und fruchtbareres Land vorstellen. Von Pistoja an beginnt das Gebirge, Hügel neben Hügel und dann Berg neben Berg, zwei Stunden lang; der Wagen steigt langsam einen Zickzackweg hinauf, und vom Fuß bis zum Gipfel ist alles bebaut und bewohnt. Bei jeder Windung des Weges gewahrt man Häuser, Gärten, Bergterrassen mit Oliven, Äcker, die von Mauern gestützt werden, Obstbäume im Schutz der Mulden, grüne Wiesenflächen und überall sprudelnde Quellen. Kniende Frauen waschen ihre Wäsche an der überströmenden Mündung der Quellen oder in den kleinen Holzrinnen, welche Wasser und Frische über die Abhänge leiten. So weit der Blick reicht, tragen die Täler und Hänge die Spuren der Arbeit und menschlichen Wohlfahrt.

HIPPOLYTE TAINE

Wie eine Frau den Fuß, im Tanze schwebend,
Dicht vor den andren leichten Schrittes stellt,
Die enggeschloßnen kaum vom Boden hebend,
So übers purpurgoldne Blütenfeld
Kam sie, ein Mägdelein, das auf den Wangen
In Züchten tief gesenkt die Wimpern hält,
Und nahte sich, befriedend mein Verlangen,
So, daß mir ihres Sanges süßer Laut
Samt Wort und Meinung konnt ans Ohr gelangen.

DANTE

Froh zu durchstreifen rings von Hag zu Hage
   Den lebensprossend dichten heiligen Hain,
   Des Grün die Lichter dämpft am jungen Tage,
Ließ ich dahinten ungesäumt den Rain,
   Und langsam durch den Duft, den allerwegen
   Der Boden hauchte, schritt ich querfeldein.
Ein linder Hauch strich mir die Stirn, ein Regen
   Der Lüfte, sonder Wandel, sanft geschwellt,
   Als weht' ein leises Windchen uns entgegen,
Davon die Blätter all im grünen Zelt
   Sich leicht erzitternd nach der Seite neigen,
   Wo früh des heiligen Berges Schatten fällt;
Doch schwankt' es nicht so schütternd in den Zweigen,
   Daß durch die Wipfel hin die Vögelein
   Der Lust entsagt, all ihre Kunst zu zeigen;
Mit hellem Jubel grüßten insgemein
   Des Morgens Hauch im Laubdach sie mit Singen,
   Und dessen Rauschen klang als Grundbaß drein.

Dante

Ich war, ihr Mädchen, morgens früh,
zur Maienzeit in einem grünen Garten

Im Gras ich Veilchen sah und Lilien
und andre Blumen wunderschön,
azurne, gelbe, purpurne und weiße.
Ich streckte aus die Hand, um sie zu pflücken.
ich wollte schmücken mir mein blondes Haar,
indem ich sie zum Kranze wand.
Ich war, ihr Mädchen, morgens früh,
zur Maienzeit in einem grünen Garten.

ANGELO POLIZIANO

Es träumte mir heut Nacht mit süßer Wonne,
Daß küssend mir mein Schatz am Halse hing.
Was wecktest du mich auf, verwünschte Sonne!

Toskanisches Ritornell

Bring mir die Sonnenblume, daß auf meine Flur
ich sie verpflanze, die der Salzhauch sengt.
Hier sei den ganzen Tag im spiegelnden Azur
ihr furchtsam gelblich Antlitz aufgehängt.

Ins Helle geht der Drang von dunklen Dingen,
die Körper strömen aus in Farbentönen:
Und diese in Musik. Verklingen
ist also letztes Abenteuer alles Schönen.

Bring du die Blume mir, die dahin soll,
wo blonde Transparenzen sich erheben,
wo zur Essenz verdampfen Welt und Leben;
bring mir die Blume, die vom Lichte toll.

EUGENIO MONTALE

Jedes Land hat seine eigene Art des Lichtes:
In Tirol steigt es an den Bergen hoch
und gleitet gebündelt über die Tallehnen hinweg;
über den großen Städten des Nordens
nimmt es die Farbe des Kohlenrauches an;
in Südfrankreich läuft es mit den
Platanenstämmen durch lange Alleen hin,
und in der Toscana flattert es
mit dem Winde hinter den Olivenblättern hervor.

FRIEDRICH SPRINGORUM

Nichts rollt hier als das goldene Rad der Zeit.
Du siehst nicht, wer die Winde dreht an den Zisternen
und Löwenzahn aus vollen Eimern schwappt.

Nimm deinen Schatten dir als Weggefährten,
verschwistern wird er dich den frommen Mythen
von Saat und Gras, den grünen Totenfahnen,
und süßer blüht am Weißdorn dir das Licht.

Christine Busta

L'Infinito

Immer lieb war mir dieser einsame
Hügel und das Gehölz, das fast ringsum
Ausschließt vom fernen Aufruhn der Himmel
Den Blick. Sitzend und schauend bild ich unendliche
Räume jenseits mir ein und mehr als
Menschliches Schweigen und Ruhe vom Grunde der Ruh.

Und über ein Kleines geht mein Herz ganz ohne
Furcht damit um. Und wenn in dem Buschwerk
Aufrauscht der Wind, so überkommt es mich, daß ich
Dieses Lautsein vergleiche mit jener endlosen Stillheit.

Und mir fällt das Ewige ein
Und daneben die alten Jahreszeiten und diese
Daseiende Zeit, die lebendige, tönende. Also
Sinkt der Gedanke mir weg ins Übermaß. Unter-
Gehen in diesem Meer ist inniger Schiffbruch.

Giacomo Leopardi

Sommerstück

Hingebreiteter Sommer,
Jahreszeit der satten Klimata, der großen Morgen,
der lautlosen Morgendämmerungen
– man erwacht wie in einem Aquarium –,
der sich gleichenden astralen Tage,
Jahreszeit, die am wenigsten an Verdunklungen
und Krisen leidet, Glückseligkeit der Räume,
kein irdisches Versprechen kann meinem Herzen
mehr Frieden geben als die Gewißheit der Sonne,
die aus deinem Himmel überströmt,
extreme Jahreszeit,
die du erschöpft in enorme Ruhepausen hinsinkst,
du gibst den weitesten Träumen Gold,
Jahreszeit, die du das Licht bringst,
daß es die Zeit über die Grenzen des Tages ausdehne,
und manchmal in die Ordnung, die voranschreitet,
einige Kadenzen des ewigen Verweilens zu setzen scheinst.

Vincenzo Cardarelli

Wie Blatt und Knospe

Wie Blatt und Knospe erschließen sich in deinen Händen
die Karten des Spiels, die Mohnblumen hier kommen zuhauf für dich
von den Schafställen und vom Berg;

der Weizen überhäuft den Monat Mai so aus der Nähe,
daß das ährige Licht die wachsamen Augen der Herde sticht,

daß die Ähre die Münze ist, das Pfand deines Hauses ist,
daß sich die Ähre des Mittags schon in dein Spiel einschleicht.

Das kleine Tal der Hasen ist's, das ein so getrübtes Grün hat,
der bilderschaffende Mond ist's, der den Mittag entfaltet.

Im offenen Buch des Frühlings ist Mittag immerdar, es ist ausgemalt,
daß ich auf der Insel leben sollte, in dem Ozean, daß ich

in der Liebe eines Mondes leben soll, der sich der Welt widersetzt.

Andrea Zanzotto

Der Hauptzauber dieses Tals liegt aber gewiß in dem Umstand,
daß es nicht zu groß ist und nicht zu klein,
daß die Seele des Beschauers nicht gewaltsam erweitert wird,
vielmehr sich ebenmäßig mit dem herrlichen Anblick füllt,
daß die Häupter der Berge selbst, wie die Apenninen überall,
nicht abenteuerlich gotisch erhaben mißgestaltet sind,
gleich den Bergkarikaturen,
die wir ebensowohl wie die Menschenkarikaturen
in germanischen Ländern finden,
sondern daß ihre edelgeründeten, heiter grünen Formen
fast eine Kunstzivilisation aussprechen und gar
melodisch mit dem blaßblauen Himmel zusammenklingen.

Heinrich Heine

Unten bei den blühenden Gärten
Bot ich meiner Lieben den Gruß.
Sie schritt durch die blühenden Gärten
Mit kleinem, schneeweißem Fuß.
Sie bat, leicht die Liebe zu nehmen,
Wie die Blätter wachsen am Baum.
Doch ich, noch jung und töricht,
Glaubte den Rat ihr kaum.

In einem Feld am Flusse
Meine Liebe bei mir stand,
Auf meine Schulter legte
Sie ihre schneeweiße Hand.
Sie bat, leicht das Leben zu nehmen,
Wie das Gras wächst von ungefähr.
Doch ich war jung und töricht,
Und nun hab ich nur Tränen mehr.

William Butler Yeats

Ich schaue von der Mauer der Stadt.
Das Land brüstet sich nicht
mit Bauten und Siedlungen. Es ist viel da,
aber beschirmt und beschattet.
Die Höfe, an denen nichts als die Notdurft
gebaut hat, sind nicht nur in der
Zeichnung, sondern in jedem Ton von Ziegel
und Fensterglas so vornehm
wie kein Herrenhaus in der Parktiefe.
Die Mauer aber, an die ich lehne,
teilt das Geheimnis des Ölbaums, dessen Krone
als harter brüchiger Kranz sich
mit tausend Breschen dem Himmel öffnet.

Walter Benjamin

Reiner kann man kein Feld sehn, keinen Erdschollen, alles klar.
Aber man sieht auch nirgend ein untergeackert Stroh
der Weizen gedeiht aber schön. Und es ist seiner Natur gemäß.
Das zweite Jahr bauen sie Bohnen für die Pferde,
die hier keinen Haber kriegen. Es werden auch Lupinen gesät
die jetzt schon schön grün stehn und im März Früchte bringen.
So auch ist der Lein schon gesät und gekeimt, er bleibt
den Winter über und wird nur durch den Frost dauerhafter,
unsre Winter sollte er nicht aushalten.

Johann Wolfgang von Goethe

Du spürst,
wie die Blumen ihre köstlichen Düfte versenden,
Und grübelst,
wie aus so winzigem Ort dieser Duftstrom
Mag kommen – begreif,
daß in solcher Mitte die Ewigkeit
Ihre unvergänglichen Tore öffnet –

WILLIAM BLAKE

Schönheiten

Das Weizenfeld ist nur so schön,
weil Mohnblumen und Wickenblumen darinnen sind;
und dein blasses Gesicht, weil es vom Gewicht
deines langen Zopfes etwas nach hinten gezogen ist.

Corrado Govoni

Tag

Die Sonne sengt mit Strahlen ohne Gnaden
Das dunstumflorte stoppelgelbe Land,
Der blauen Wölbung sommerlicher Brand
Läßt sich herab in schweren Hitzeschwaden.

Kein Blatt regt sich. Von Schwüle wie beladen
Schmachtet, was lebt, in dumpfen Schlaf gebannt;
Die Stille, die wie Angst fast übermannt,
Stört nur das schrille Zirpen der Zikaden.

Auf grünem Gras, in Waldes Schattenlust
Hab' ich aus Blumen frisch den Pfühl bereitet,
Wo du gelösten Kleides schlummernd ruhst.

Und ich, zu dir im Kühlen hingebreitet,
Berausche mich im Anschaun deiner Brust,
Die, eine Welle, auf- und niedergleitet.

Lorenzo Stecchetti

Mittäglich ruhen, blaß, in dich gekehrt,
an einer Mauer, die von Glut verzehrt,
lauschen, wie zwischen Pflaumbaum und Gatter
die Amsel schnalzt, raschelt die Natter.

In den Rissen des Bodens, über niedrige Wicken
sehn, wie die Ameisen ziehn, die roten,
wie ihre Reihen sich manchmal knicken,
manchmal zu winzigen Meilern verknoten.

Durch das Laubwerk erkennen, wie fern das Meer
seine leuchtenden Schuppen atmend hebt,
während hoch von der Uferberge Wehr
das zitternde Lied der Zikaden schwebt.

Und dann durch die blendende Sonne ziehn
und fühlen mit überraschter Trauer,
wie all dies Leben und sein Bemühn
ein Wandern ist entlang der Mauer,
auf der die spitzen Scherben glühn.

EUGENIO MONTALE

Ich denk zurück ans Haus, wo ich
Geboren war und geborgen,
Wie lieb durchs Fenster die Sonne mich
Aufweckte alle Morgen,
Nie kam sie einen Wink zu früh,
Blieb nie zu lange mir stehen,
Jetzt wünscht ich oft, die Nacht ließ mir
Mein Atmen leis vergehen.

THOMAS HOOD

Du mußt mit dem Obstbaum reden.

Erfinde eine neue Sprache,
die Kirschblütensprache,
Apfelblütenworte,
rosa und weiße Worte,
die der Wind
lautlos
davonträgt.

Vertraue dich dem Obstbaum an
wenn dir ein Unrecht geschieht.

Lerne zu schweigen
in der rosa
und weißen Sprache.

HILDE DOMIN

Und auf einmal ist es Abend

Jeder ist allein
auf dem Herzen der Erde, von einem
Sonnenstrahl durchbohrt:
und auf einmal ist es Abend.

Salvatore Quasimodo

Quellennachweis

Der Verlag dankt den Copyright-Besitzern für die freundliche Genehmigung zum Nachdruck.

5 Johann Wolfgang von Goethe. Aus: Vier Jahreszeiten, Neunundneunzig Distichen.

6 Hermann Hesse. Aus: Anemonen. In: Gesammelte Werke in zwölf Bänden, sechster Band. Suhrkamp Verlag. Frankfurt am Main 1970.

8 Rainer Maria Rilke. In: Gesammelte Gedichte. Insel Verlag. Frankfurt am Main 1962.

10 Rainer Malkowski. In: Einladung ins Freie. Gedichte. Suhrkamp Verlag. Frankfurt am Main 1977.

12 Francesco Petrarca. Aus: Sonette und Kanzonen. Übersetzung und Einleitung von Bettina Jacobson. Leipzig 1913.

14 Rainer Maria Rilke. In: Gesammelte Gedichte (siehe Angaben zu Seite 8).

16 Toskanisches Rispetto. In: Italienische Dichter seit der Mitte des 18. Jahrhunderts, Band IV. Übersetzungen von Paul Heyse. Berlin 1889.

18 Lorenzo de' Medici. In: Lorenzo il Magnifico, Dichtungen, Band 1. Übersetzung von Carl Stange. Bremen 1940.

20 Hilde Domin. Aus: Windgeschenke. In: Nur eine Rose als Stütze. S. Fischer Verlag. Frankfurt am Main 1959.

22 Rafael Alberti. In: Stimme aus Nesselerde und Guitarre. Übersetzung von Erich Arendt. Rütten und Loening Verlag. Berlin 1959.

24 Rafael Alberti. In: Stimme aus Nesselerde und Guitarre (siehe Angaben zu Seite 22).

26 Hermann Hesse. Aus: Wanderung. In: Gesammelte Werke in zwölf Bänden (siehe Angaben zu Seite 6).

28 Francesco d'Assisi. In: Romano Guardini, Spiegel und Gleichnis. Mainz 1932.

30 Francesco d'Assisi. In: Spiegel und Gleichnis (siehe Angaben zu Seite 28).

32 Wilhelm Lehmann: Fliehender Sommer. In: Sämtliche Werke in drei Bänden, Band 3. S. Mohn Verlag. Gütersloh 1967.

34 Hippolyte Taine. Aus: Von Florenz nach Venedig. In: Reisen in Italien. Eugen Dietrichs Verlag. Jena 1910.

36 Dante. In: Die Göttliche Komödie. Das Fegefeuer, Achtundzwanzigster Gesang. Übersetzung von Friedrich Freiherr von Falkenhausen. Insel Verlag. Frankfurt am Main 1937.

38 Dante. In: Die Göttliche Komödie (siehe Angaben zu Seite 36).

40 Angelo Poliziano. In: Europäische Balladen. Übersetzung von Alice Vollenweider. Verlag Philipp Reclam jun. Stuttgart 1967.

42 Toskanisches Ritornell. In: Italienische Dichter seit der Mitte des 18. Jahrhunderts (siehe Angaben zu Seite 16).

44 Eugenio Montale. In: Glorie des Mittags. Übersetzung von Herbert Frenzel. Verlag Piper & Co. München 1960.

46 Friedrich Springorum. In: Mallorca. Kümmerly & Frey Verlag. Bern 1960.

48 Christine Busta: Frühling in der Ebene. In: Die Scheune der Vögel. Gedichte. O. Müller Verlag. Salzburg 1958.

50 Giacomo Leopardi. In: Die Lyra des Orpheus. Herausgegeben von Felix Braun. Übersetzung von Rainer Maria Rilke. Paul Zsolnay Verlag. Wien und Hamburg 1952.

52 Vincenzo Cardarelli. In: Italienische Lyrik der Gegenwart. Originaltexte und deutsche Prosaübertragung. Herausgegeben und übersetzt von Franco de Faveri und Regine Wagenknecht. Verlag C. H. Beck. München 1980.

54 Andrea Zanzotto. In: Italienische Lyrik der Gegenwart (siehe Angaben zu Seite 52).

56 Heinrich Heine. Aus: Die Bäder von Lucca. In: Werke und Brief, Band 3, Aufbau Verlag, Berlin 1961.

58 William Butler Yeats. In: Die Lyra des Orpheus. Übersetzung von Felix Braun (siehe Angaben zu Seite 50).

60 Walter Benjamin: Aus: San Gimignano. In: Städtebilder. Suhrkamp Verlag. Frankfurt am Main 1963.

62 Johann Wolfgang von Goethe. Aus: Die italienische Reise.

64 William Blake. Aus: Die Blumen. In: Inselbücherei 663. Insel Verlag. Frankfurt am Main.

66 Corrado Govoni. In: Italienische Lyrik der Gegenwart (siehe Angaben zu Seite 52).

68 Lorenzo Stechetti. In: Anton Wildgans, Gesammelte Werke, Band 1. Leipzig 1930.

70 Eugenio Montale. In: Glorie des Mittags (siehe Angaben zu Seite 44).

72 Thomas Hood: In: Die Lyra des Orpheus. Übersetzung von Kurt Rüdiger (siehe Angaben zu Seite 50).

74 Hilde Domin: Linguistik. In: Rückkehr der Schiffe. S. Fischer Verlag. Frankfurt am Main 1964.

76 Salvatore Quasimodo. In: Italienische Lyrik der Gegenwart (siehe Angaben zu Seite 52).